2556

2 12

Edition Eulenburg

No. 404

MOZART

KV 550

Symphony

g minor – sol mineur – g moll

Ernst Eulenburg Ltd.,

London — Zürich — Mainz — New York

78474

Printed in England

Edition Eulenburg

SYMPHONY

G MINOR

by

WOLFGANG AMADEUS MOZART

K.-V. 550

Edited by
THEODOR KROYER

Ernst Eulenburg Ltd., London · Ernst Eulenburg & Co. GmbH, Mainz

Edition Eulenburg GmbH, Zürich · Edition Eulenburg inc , New York

W. A. Mozart: Symphony in G-Minor K.V.550.

(Condensed from the German foreword by Prof. Theodor Kroyer).

The autograph of Mozart's G-minor symphony K.V.550, which is in the possession of the *Gesellschaft der Musikfreunde* in Vienna, consists of 43 leaves containing the complete score of the whole symphony in its original version (scored for flute, 2 oboes, 2 bassoons, 2 horns and strings). In addition, there is a short score of 7 leaves containing the alterations necessitated by the addition of the two clarinets in the revised version; this short score gives the two clarinet parts as well as the amended two oboe parts for the complete symphony. Furthermore there is one leaf inserted in the slow (second) movement giving an alternative scoring for bars 29-32 and bars 100-103, in which the demi-semi-quaver figurations have been transferred from the woodwinds to the strings. This present edition, based on the autograph as well as on the early prints of the symphony, presents the second version of the symphony (with clarinets), taking no account, however, of the string alternative for the above-mentioned eight bars of the second movement.

The G-minor symphony K.V.550 is the second of the three famous last symphonies which Mozart composed in the summer of 1788 in the short space between June and August. It was completed on 25th July, one month after the E-flat symphony K.V.543 (completed on 26th June) and two weeks before the great C-major symphony K.V.551, the "Jupiter". Jahn describes the G-minor symphony as "most passionate", Abert as "the most poignant expression of that deep-rooted and fatalistic pessimism in Mozart's nature which, especially in the last years of his life, strove for artistic expression". In any case the G-minor symphony is a complete contrast to the other two symphonies which seem to be quite untouched by the hardships and desperation of the last years of Mozart's life. The most noticeable feature of the music is its expression of sorrow and melancholy, although on the other hand there is an uncanny vivaciousness which in the finale is increased to a wild and almost monotonous outburst of insatiable emotions—and at the end there is no consolation, not even resignation. Nowhere else did Mozart come so close to the limits of beauty! The symphony also has its gentler and sunnier stretches, especially in the two middle movements, yet in their dark surroundings they seem full of sadness, and the contrast merely increases the blackness of the shadows.

The abrupt dynamics are one of the most remarkable characteristics of the symphony. *Piano* interchanges suddenly with *forte*, and with the exception of two *crescendi* (1st movement, bar 62 resp. 245; Minuet, bar 75) there are no transitions or intermediate dynamic levels—nor does the music, despite its strong emotional content, ever go beyond *piano* or *forte*. The immense tension finds its expression far more in the breathtaking rests and the sudden attacks which we find throughout the symphony (1st movement, bars 16, 43, 55, 101 etc.; 2nd movement, bars 19, 36; finale, bars 70, 206 etc.) and especially in the accents of the finale development (bar 127 ff.). Furthermore, as pointed out by Jahn, there is the thematic polarity of the themes in the corner movements, which at their first appearances in the major key (1st movement, bar 45; finale, bar 54) still seem conventional, but when they return in the minor of the recapitulation (1st movement, bar 227; finale, bar 230) their true character is revealed. Everywhere the emphasis is on the lament: In the "threnodic" sixth of the first movement (bars 140 ff.)—where Mozart instinctively goes back to the old fauxbourdon, the lithurgical expression of solemn lament—as well as in the consistent retention of the sombre G-minor in the corner movements. In the thematic developments of all movements Mozart gives free rein to the double counterpoint which he loved particularly during this, his greatest creative period, and throughout the symphony, but especially so in the almost aggressive minuet, the art of imitative writing plays a prominent part. Architecturally Mozart makes much use of baroque mannerisms such as the change between *solo* and *tutti* groups (1st movement, bars 146 ff.; 2nd movement, bars 36 ff., 108 ff.; finale, bars 70 ff.) and the veiling of formal outlines through augmentations and variations in the recapitulations, but everywhere these archaic usages are filled with a new climactic feeling. The finale (on whose close thematic relationship with the preceding three movements Abert comments in detail) with its unchecked impetus and its far-flung modulations is already a piece of romanticism, all the more so on account of the gloomy minor of the ending which is so rare with Mozart.

This atmosphere is further emphasised by the reedy tone of the oboes and clarinets. Often the oboes are merely doubling the clarinet parts, but in several places they have a function of their own, filling the harmonies and sustaining notes (finale, bars 97-100). Nevertheless the oboes are always present when a metallic quality is needed, and although they are always subservient to the clarinets, both first movement and Andante gain many effects through their interplay. When adding the clarinet parts to the score, Mozart changed the thick thirds to the lighter sixths and obtained more resonant chords, and the clarinets took over most of the melodic and thematic work, being dynamically supported by the oboes. By contrast, all those passages in which the oboes join the flute and bassoons (1st movement, bars 187 ff., 228) are all the more tender and reveal Mozart's intimate knowledge of the most secret tone colours of the classical orchestra.

MOZART, SYMPHONIE G-MOLL

(KÖCHEL-VERZEICHNIS NR. 550)

In Köchels „Verzeichnis sämtlicher Tonwerke Mozarts" (S. 516) werden als Besitz der Preußischen Staatsbibliothek zu Berlin z w e i a u t o g r a p h e P a r t i - t u r e n der G-moll-Symphonie (K.V. 550) aufgezählt: eine ohne und eine mit Clarinetten. Köchel fügt bei: „André-Verz. 128. 53 Blätter mit 100 beschriebenen Seiten. Querformat, zwölfzeilig. Da Mozart später 2 Clarinetten dazusetzte, so schrieb er auf besonderen Blättern eine Partitur für die 2 Oboen und 2 Clarinetten, indem die ersten durch Hinzukommen der letzten modifiziert werden mußten. Diese Variante liegt dem Autograph André 128 bei."

Diese Angaben sind nicht ganz zutreffend, zunächst insofern mißverständlich, als nur e i n e Voll-Partitur, nämlich die ohne Clarinetten, existiert, die „Variante" aber lediglich die Clarinetten und die auf ein System zusammengezogenen Oboen enthält. Diese sogenannte „zweite Partitur" ist also nur Beilage und gleicht im Format und Papier der ersten Partitur, die Mozart wohl in einem Zug mit jener, kurz hintereinander geschrieben hat. Dann — ein Irrtum Köchels — liegen diese „Partituren" nicht in Berlin, sondern im Archiv der Gesellschaft der Musikfreunde zu Wien[1]). In dem von Mandyczewski zusammengestellten „Zusatzband zur Geschichte der Gesellschaft"[2]) wird das Autograph als Bestandteil des Museums aufgeführt, wie folgt: „Sinfonie G-moll (K. 550, comp. 1788), vollständige Partitur mit Mozarts Nachträgen. 53 Blätter Br." Das in einem lilafarbenen Karton aufbewahrte „Original-Manuskript" stammt aus dem Nachlaß von Johannes Brahms, dessen Namenszug an der Innenseite des Deckels zu lesen ist. Darüber steht: „Mozart / G-moll Symphonie / 43 Blätter Partitur / 1 Einlageblatt zu Blatt 10 und / 7 Blätter Oboen und Clarinetten / 2 Blätter" — was diesmal stimmt, denn wir zählen 53 Blätter (ungeheftete und unbeschnittene Bogen und das Einlageblatt) in den Maßen 32 × 23 cm, und mit dem im Autograph der Jupiter-Symphonie vorfindlichen Wasserzeichen: Krone und Buchstaben AV.

Mozart hat die Bogen eigenhändig foliiert und auf Blatt 1 am oberen Rand die ursprüngliche Tempobezeichnung „Allegro assai" in „Molto allegro" abgeändert. Unter anderen Bemerkungen und Korrekturen von verschiedenen Händen finden sich (wohl von dem Herausgeber des „Thematischen Verzeichnisses", A. André) die Zusätze: „(Nr. 91 [mit Rötel in 93 ungeändert] im themat. Catalog) Sinfonia. Vollständig Di Wolfgang Mozart 25 Juli 1788 nebst besonders zukomponierten Clarinetten. — Mozarts eigene Handschrift". Mozart zählt den 1. Satz, Molto Allegro, fol. 1—15^V, den 2. Satz, Andante, fol. 16—25; 25^V ist

---

[1]) Freundliche Mitteilung von Dr. Alfred E i n s t e i n (Berlin).
[2]) Wien, 1912, S. 108.

Ernst Eulenburg Ltd., London

unbeschrieben. Zwischen fol. 17 und 18 (Mozartscher Zählung) hat André ein — später als fol. 17a gezähltes — beiderseitig als („Pag: 1" und „Pag: 2") beschriebenes Blatt eingelegt, mit der Randbemerkung: „Diese und die folgende Seite fallen bey der neuen Bearbeitung für Clarinetten und Hautb. weg. A."[1]). Es handelt sich um 8 (4 + 4) Takte — Takt 29/32 bzw. 100/103 — des Andante, eine charakteristische Zweiunddreißigstel-Figurierung, die also in drei verschiedenen Fassungen vorliegt: In der ältesten Fassung — der eigentlichen Partitur (die den ältesten Stichen, der Gesamtausgabe selbst und ihren Nachfolgerinnen zugrunde liegt) alternieren Flöte, Fagott, Oboe und Flöte mit Fagott (Takt 29 ff.) und Oboe, Fg., Fl. und Ob. mit Fl. und Fg. (Takt 100 ff.); in der „neuen", auf Grund der „Variante" letztgültigen Partitur alternieren Fl., Fg., Clar., Fl. mit Fg. (Takt 29 ff.) und Clar., Fg., Fl. und Fl. mit Clar. und Fg. (Takt 100 ff.), also hier ohne Oboen. Durch das Einlageblatt erhalten wir nun Kenntnis von einer dritten Fassung, einem reinen Streicher - Alternativo: es alternieren nämlich der Reihe nach: Vi. 1o, Vc., Va und Vi. 2o bzw. Vi. 1o, Va., Vc. und Vi. 2o, wie im Nachfolgenden deutlicher wird:

Dazu ist noch folgendes zu bemerken: In der Partitur selbst sind von späterer (wohl Andrés) Hand auch die Einsatzzeichen („vide Pag: 1" etc.), außerdem auf fol. 18 die Worte zugefügt: „NB. Der hier eingelegte Satz von 4 Takten galt ehedem statt der alsdann hier wegzulassenden 4 Takte als Mozart die später hinzukomponierten Clarinetten noch nicht geschrieben hatte. A.". Wie sich aber aus obiger Gegenüberstellung der drei Fassungen ergibt, ist mit Andrés Zusatz nicht alles erklärt. Die auf dem Einlageblatt überlieferte Lesart muß nicht notwendig vor der Clarinettierung geschrieben sein; es fragt sich, ob sie, da sie ja von der Bläser-Instrumentierung stark abweicht, von Mozart nicht

doch als „Einlage" gedacht war, mit der Absicht, den charakteristischen Modulationszug (Takt 29 f. und 100 f.) um die entsprechenden 4 Takte eben zu verlängern und damit zu „kontrastieren": denn „Kontrast" ist die Einlage mit ihrem schlichten Streicher-Tetralog jedenfalls. Wenn aber keine solche Absicht bestand, warum und wann schrieb denn Mozart die „Einlage"? Schumanns Kritik an den alten Partitur-Ausgaben[1]), die die Takte 29—32 und 100—102 um die je 4 Takte der „Einlage" in der Tat verdoppeln[2]), hat allerdings bewirkt, daß die Gesamtausgabe nur die gekürzte Fassung des Autographs bzw. des Nachtrags überliefert. Aber weder seine, noch Jahns Begründung vermag

[1]) Neue Zeitschrift f. Musik XV, S. 150. Vgl. J a h n, Mozart II, S. 238, Anm. 52.
[2]) Siehe im Nachfolgenden unter A u s g a b e n 1 und 2.

uns von dem „Irrtum" der Erstausgaben ganz zu überzeugen. Insbesondere Jahns Meinung, daß Mozart auf dem „Nebenblatt vielleicht zur Erleichterung die andere Version hinzugefügt habe", ist nur abwegig. Die Zweiunddreißigstel-Seufzer sind eben hier n i c h t den Bläsern zugedacht, — was man auch sagen will, vielleicht eine flüchtige Laune Mozarts, aber doch auch ein Sinn!

Der 3. Satz, Menuetto-Allegretto, hat die Foliierung 26—29^V (das Trio steht auf fol. 28—29^V). Diese Bll. sind in den Bogen fol. 25 und 26 eingelegt.

Der letzte Satz, Allegro assai, zählt 13 Blätter; fol. 30—43; fol. 43^V, 44 und 44^V unbeschrieben. Dann folgen die von Mozart ebenfalls foliierten Bogen (fol. 1—14^V) mit dem spartierten Nachtrag der umgearbeiteten Oboen- und Clarinetten-Stimmen. Daß Mozart diese Instrumente, die er immer mehr liebte, nauptsächlich wegen des Andante zugesetzt hat, geht aus seinen, auch auf persönlichen Gebrauch hindeutenden Partitureinträgen hervor: Takt 27 vertauscht er Flauto und Oboe 1a (mit „NB."): „Oboe 2a hat jetzt die Clarinette"; Takt 29, „Flauto wird zur „Clarinette"; ebenso Takt 98/99; auch der Fagotto bekommt ein „NB". Auch aus anderen Korrekturen Mozarts (Einfügung von Doppelgriffen in den Streichern, Stakkatopunkten, Bögen usw.) läßt sich erkennen, daß er die Partitur wiederholt — das erste Mal wohl bei der Clarinetten-Revision — verbessert hat.

Die Handschrift Mozarts ist in einem Zug, aber bestimmt, sauber und im wesentlichen konsequent geschrieben. Sie enthält wichtige Abweichungen von den späteren Ausgaben, u. a. Vortragsbezeichnungen, die von den für die Ausgaben arbeitenden Kopisten nicht beachtet oder mißverstanden worden sind. Im Clarinetten-Nachtrag ist Mozart flüchtiger; er spart sich hier Stakkatos und Phrasierungsbögen, die sich aus der ersten Partitur von selbst verstehen. Wie in anderen Partituren gebraucht Mozart in allen Sätzen gelegentlich Führungs-Alphabete, Taktzählungen, Einsätze („Clar. col Oboe", „Clar. & Flaut."). Die Tempo-Überschriften setzt er gern über die 1. Violine und zugleich über die Bässe. Da in der Niederschrift des ersten Satzes die Tinte streckenweise, besonders an der Peripherie der Partitur, blässer, in den Bläserpartien dagegen auffallend schwärzer ist, sei der Schluß gestattet, daß Mozart das Ganze zuerst in den Violinen und Bässen gleichsam skizziert und erst nachher mit Instrumentalkolorit und Kontrapunkt ausgefüllt hat. Diese aus der Generalbaßzeit überlieferte Schaffensweise ist bei Mozart auch sonst beglaubigt.

Die Partitur-Anordnung (von oben nach unten) notiert im 1. und 4. Satz = Vi. 1°, 2°, Va., 1 Fl., 2 Ob., 2 Fag., 1 Corno in Balto, 1 Corno in G, Bassi (nicht „Violoncello e Basso"), zusammen 11 Systeme (ein 12. System vor den Bassi ist gestrichen). Im 2. und 3. Satz ist die Folge wie vorher, doch mit 2 Corni in Es (Andante) bzw. in G (Menuetto, auf 1 System). Die Hörner notiert Mozart „transpositionis causa" mit Doppelschlüssel

(s. u. die erste Ausgabe).

Ebenso im Nachtrag die 2 Oboen auf einem System.

Wir bezeichnen das Autograph in der Revision mit A₁ (Partitur) und A₂ (Nachtrag).

Ausgaben:

1. Eine Partitur in Folio, unter der Stichnummer 1365 im Archiv Breitkopf & Härtel[1]) — von uns bezeichnet mit B — „Sinfonie de W. A. Mozart. Partition Nr. 2 (Thema des ‚Allegro molto‘). Chez Breitkopf & Härtel à Leipsic. Pr. 1 Rthlr.“, 26 Seiten, ausgegeben im August 1811, ohne die Clarinettenstimmen, — in der Anordnung: Vi. 1º, Vi. 2º, Va., 1 Fl., 2 Ob., Cor. 1º in B alto, Cor. 2º in G, 2 Fg., Bassi. Das Exemplar hat einige, wohl aus früherer Zeit stammende Korrekturen, insbesondere im 2. Satz, wo die acht Takte der Einlage irrtümlich (?) mitgestochen, dann aber (siehe Takt 29 und 100 der endgültigen Fassung) mit Blei ausgestrichen sind; aber auch das Reprisenzeichen nach dem ersten Teil ist gestrichen. Die Tempo-Überschrift des 2. Satzes „Andante“ hat den Zusatz „con moto“ mit Metronomisierungsvorschrift, das Menuetto-Allegro den Zusatz „ruhig“; die öfters auf ein System zusammengezogenen ersten und zweiten Violinen haben nach italienischem Brauch

den Doppelschlüssel

In den Ecksätzen steht der ganze Takt statt des Allabreve-Takts; vielfach setzt die Phrasierung aus, Stakkatos sind überreich zugefügt; auch sonst finden sich Veränderungen, die eine gewisse Gleichgültigkeit gegen die Urschrift erkennen lassen. Jedenfalls ist B die mangelhafteste Ausgabe, die sich eben mit der „Zeit“ erklärt. Aber wichtig ist, daß ihr das Autograph, insbesondere wegen der Auslassungen im Hinblick auf den Clarinetten-Nachtrag A₂, vorgelegen haben muß.

2. Die mit C zu bezeichnende Partitur in 8º (63 S.), die nach den Stichbüchern des Breitkopf & Härtelschen Archivs im Juni 1828 fertiggestochen und bis 1848 nachgedruckt wurde[2]) — Stichnummer 4580, als Nr. 2 der „Symphonien von W. A. Mozart“ — benützt vielfach die Ausgabe B als Vorlage und überliefert ihre Fehler, ändert aber die Instrumenten-Ordnung wie folgt: Cor. 1º in B alto, Cor. 2º in G, Fl., Oboi, Fagotti, Vi. 1º, 2º, Va., Violoncello e Basso. Die in B mitgestochenen Einlage-Takte sind hier ebenfalls eingefügt[3]).

3. Auch die Stich-Ausgabe der Edition Peters, Leipzig, in 8º (52 S.), Nr. 1039 (Stichnummer 5504): „Symphonien von W. A. Mozart. Partitur“ — in unserem Revisionsbericht bezeichnet mit F —, sowie die „Kleine Partitur-Ausgabe“ (ä. O.), Nr. 404, E. Eulenburg, Leipzig, 3604 (72 S.) — bezeichnet mit E — gehen, ohne von A₂ Notiz zu nehmen, auf Vorlage B bzw. C zurück; doch

---

[1]) Freundliche Mitteilung des Archivars Dr. W. H i t z i g in Leipzig.

[2]) Mitteilung Dr. H i t z i g s.

[3]) Die Ausgabe C ist wohl die in Köchels Verzeichnis an dritter Stelle genannte „n. 2, op. 45“, da die dazugehörigen Stimmen diesen Zusatz tragen (s. A u s g a b e n unter 5).

bringen sie kleine Verbesserungen, insbesondere in der Partituranordnung.

4. Die Folio-Partitur der bei Breitkopf & Härtel (1882) erschienenen Gesamtausgabe, Serie 8, Nr. 40 (49 S.)[1] — bezeichnet mit **D** — greift zum ersten Male auf das Autograph zurück in der Weise, daß sie den Nachtrag A₂ (in kleinen Noten und auf 2 Systemen) der „Partitur" A₁ aufsetzt. Die Partitur-Ordnung ist die modern-gebräuchliche mit den Hörnern zwischen Holzbläsern (Obergruppe) und Streichern (Untergruppe). Allerdings enthält auch diese Ausgabe zahlreiche Ungenauigkeiten, die wohl auf mangelhafte Kopistenarbeit zurückzuführen sind. — Die Klein-Partitur Nr. 27 der „Philharmonia" (Philharmonischer Verlag A.-G., Wien, 1925) übernimmt die Lesart der Gesamtausgabe mit allen ihren Abweichungen, beseitigt aber die in A₁ überlieferte Instrumentierung zugunsten der Clarinetten-Bearbeitung A₂, die ja sozusagen den letzten Willen des Komponisten darstellt. Sie reproduziert also, von den Revisionsschnitzern abgesehen, die letztgültige Fassung des Werkes.

5. Die Stimmen: a) nach der Ausgabe **C** mit der Stichnummer 6854: Symphonien für Orchester Nr. 2, op. 45. — Breitkopf & Härtels · Orchester-Bibliothek Nr. 102. — b) Offenbach, I. André, Collection des Sinfon. (ä. Ausgabe Nr. 2673—2678).

Die G-moll-Symphonie ist die mittlere der drei „berühmten Symphonien", die im Sommer des Jahres 1788 in der kurzen Zeit von Juni bis August entstanden sind. Ihr Datum — 25. Juli — liegt nur einen Monat hinter der am 26. Juni abgeschlossenen Es-dur-Symphonie (K.V. 543); zwei Wochen später vollendete Mozart die große in C-dur. Jahn bezeichnet die G-moll-Symphonie als die „leidenschaftlichste"[2], Abert als „den schärfsten Ausdruck jenes tiefen, fatalistischen Pessimismus, der in Mozarts Natur begründet, in den letzten Jahren seines Lebens besonders stark nach künstlerischer Gestaltung rang"[3]. Jedenfalls steht sie zu den beiden anderen Symphonien, die von der äußeren und inneren Not dieser letzten Jahre kaum berührt sind, in einem schroffen Gegensatz. Auffallend ist der „tiefe Leidenszug" dieser Musik: die Melancholie, anderseits wieder die „unheimliche Lustigkeit", die sich im Finale bis zu wilder, betäubender, fast monotoner Unsättlichkeit der Gefühle steigert; zuletzt kein tröstlicher Ausklang, nicht einmal Resignation! Wo hat Mozart noch einmal so ganz hart die Schönheitsgrenzen gestreift? — Die Symphonie durchschreitet auch helle, freundliche Gebiete, vor allem in den Mittel-Sätzen. Aber die Heiterkeit erscheint in der düstern Umwelt wie zarte Wehmut und der Kontrast macht die Schatten noch schwärzer. Auffallend ist auch die enge

---

[1] Die Partitur entspricht der Nr. 123 der „Partitur-Bibliothek" in Köchels Verzeichnis.
[2] Mozart, II, 238.
[3] Mozart, II, 592.

und hart abgesetzte Dynamik des Werkes: längeres Piano wechselt unvermittelt mit Forte (Sforzato) oder umgekehrt; Zwischengrade fehlen bis auf zwei Crescendos (im 1. Satz, Takt 62 bzw. 245, und im Menuett, Takt 75); nirgends greift die Musik, trotz der starken Erregung über Piano und Forte hinaus. Aber die atembeklemmenden Affektpausen vor den Einsätzen und Reprisen (im 1. Satz die Luftpausen vor dem Gesangsthema, Takt 43, 55), die stockenden kurzen Schläge gleich zu Anfang (Takt 16 ff.) und bei der Überleitung in die Durchführung des 1. Satzes (Takt 101 ff.), auch im Andante (Takt 19 vor dem 2. Thema, Takt 36 vor dem „Nachtigallenruf") und im Finale (Takt 70 vor dem 2. Thema, Takt 206 vor der Reprise), besonders aber die Akzente vor der Durchführung (Takt 127 ff.) — alle diese Kerbungen der Linie verraten die ungemeine innere Spannung. Noch bezeichnender vielleicht ist die schon von Jahn in den Ecksätzen beobachtete Polarität der Gesangsthemen, die zwar zuerst beide Male in dem konventionellen Dur (Allegro, Takt 45, Finale, Takt 54) konventionell erscheinen, dann aber bei der Reprise in Moll (Allegro, Takt 227, Finale, Takt 230) sofort ihr wahres Gesicht zeigen — eben den leidensvollen Zug, der durch das ganze Werk geht. Dieses Auskosten der Lamento-Stimmung — und mit den „threnodischen" Sexten der Allegro-Durchführung (Takt 140 ff.) greift Mozart instinktiv auf den uralten Fauxbourdon, auf den liturgischen Ausdruck feierlicher Klage zurück! —

diese durch ein übermäßiges Gefühl entfesselte Phantasie verrät sich in dem tonartlichen Beharren der Ecksätze, deren düsteres G-moll immer wieder in sich selbst eindringt, ohne Lösung, bis zum grollenden Ende; sie verrät sich auch in der zähen thematischen Durcharbeitung. Der doppelte Kontrapunkt, den Mozart auf der Höhe seines Schaffens fast über alles liebt, spielt auch bei dieser Aussprache die Rolle des unerbittlichen Dialektikers. In allen vier Sätzen, zumal in dem geharnischten Menuett, ist den imitierenden Künsten ein beträchtlicher Spielraum zugemessen. Auch barockische Concerto-Manieren — vorab der Wechsel zwischen Solo-(Trio-) und Tutti-Gruppen (Allegro, Takt 146 ff., Andante, Takt 36 ff., 108 ff., Finale, Takt 70 ff.) und die durch Erweiterungen und Varianten in den Reprisen bewirkte Formverschleierung (z. B. die Dehnung des Themen-Anhangs im Andante, Takt 82 ff.) — erfüllt Mozart mit dem neuen Sinn der architektonischen Steigerung. Im Finale, das sich übrigens in seiner Gedankenverwandtschaft mit dem Hauptsatz, mit Menuett und Andante berührt[1]), ist die ungestüme, undurchsichtige Bewegung, in die der weite, modulatorische Bogen der Durchführung hineingerät, schon Romantik. Ebenso hat von ihrem Ethos das bei Mozart ganz seltene lichtlose Verdämmern des Schlusses. Die orchestrale Färbung, die herben, schneidenden Zungen der Oboen und Clarinetten tragen zu diesem „aparten" Eindruck bei. Freilich gebraucht Mozart hier, wie im

---

[1]) A b e r t ist diesen Zusammenhängen feinfühlig nachgegangen (s. Mozart, II 585 ff.).

Menuett, die Oboen vielfach nur zur Verdopplung der Clarinetten; einige Male (wie z. B. Takt 95/100) treten sie auch selbständiger auf, das heißt, sie füllen die Harmonie und „halten" die Noten. Aber sie sind immer da, wo ihre metallische Klangfarbe gespürt werden soll. Molto Allegro und Andante gewinnen durch den Austausch zwischen Oboen und Clarinetten satte Klangwirkungen, obgleich erstere auch hier überall zurücktreten. Mozart verbessert dabei die Stimmführung: statt der dicken Terzen die gelüfteten Sexten in weiter Lage (im Allegro, Takt 150, 152), vollere Akkorde (ebd.: Takt 203 ff., bes. 207/10). Die Clarinetten übernehmen gern die Motive und überhaupt die melodischen Gedanken. Mit den Oboen zusammen dienen sie der Groß-Dynamik. Um so zarter wirken die Stellen, an denen sich die Oboe gleichsam als Soloinstrument mit Flöte und Fagott vereinigt (wie das gehaltene „as", Takt 187 ff., oder die Seufzer-Tirata, Takt 228). Hier offenbart sich Mozarts Ohr für solche allerheimlichsten Klänge des klassischen Orchesters.

Revisionsbericht

Mozart schreibt die Ecksätze ausdrücklich im Alla-breve-Takt ₵. Die den ganzen Takt C überliefernde Abweichung in B wird von C und E übernommen. Erst D stellt die Mensur richtig. Wie sich in E die Tempo-Vorschrift „Allegro moderato" einschleichen konnte, ist mir ein Rätsel. B, C und D haben „Allegro molto", A₁ „molto Allegro" zweimal, über dem System des Vi. 1º und dem der Bassi. Zu der Dacapo-Stelle des Finales (Takt 1—8) bemerkt Mozart in A₁: „Muß zweimals ausgeschrieben werden". Der Kopist der Vorlage B, der die Ausgaben C, E, F gefolgt sind, bequemt sich mit den Wiederholungszeichen und faßt auch die von Mozart ausgeschriebenen Takte 17—24, die auch in A₂ wiederholt geschrieben sind, also zusammen. In D zum erstenmal korrekt. Mozarts Genauigkeit im Kleinen zeigt sich besonders im Stakkato, das er im Hauptthema des ersten Satzes und auch in der thematischen Achtelfigur des Finales nicht durchaus (hier eigentlich nur an wenigen Stellen ausdrücklich, vielleicht versehentlich, sonst nirgends in der Umgebung) gebraucht. Der Klassiker will diese Schärfung des klanglichen Ausdrucks nicht. In D ist darauf bereits Bedacht genommen, in den übrigen Ausgaben wird das Stakkato mechanisch ergänzt, oder, wo es Mozart ausdrücklich fordert — wie einmal im Finale Takt 178 f. — durch Bindung erstickt. Im übrigen vergleiche man die Bemerkungen über Vortragszeichen, Vorschläge u. dgl., in unserer Neuausgabe der D-dur-Symphonie (K. V. 385), Partitur Nr. 437, S. VI. Zusätze erscheinen in runden oder (soweit sie vom Herausgeber stammen) in eckigen Klammern. Sie betreffen die Dynamik und die Phrasierungszeichen, die in den Ausgaben nicht selten widersprechend oder unkonsequent angebracht sind.

Im Einzelnen:

Molto Allegro.

Takt 16/20, Cor. 1⁰ und 2⁰, in A₁ (ursprünglich auf 2 Systemen) folgende Oktaven:

Von Mozart gestrichen und durch die einfachere Formel ersetzt, doch ohne Bögen und Stakkato, die wir nach **B** (mit **D**) ergänzen.

Takt 16 ff. Fg. in A₁ im Baßschlüssel, in den Ausgaben nach **B** im Tenorschlüssel.

Takt 24 Fg. „*p*" in A₁ von späterer Hand zugesetzt.

Takt 36/37 Bassi: „staccato" in A₁.

Takt 34/6 Fl. u. Fg. Bögen nach A₁ wie in **D**; fehlen in **B** ff.

Takt 43 Generalpause in A₁ durchwegs mit Ziffer „1".

Takt 45 ff., 73 f., 80 ff., 140 ff.: Fg. in A₁ im Baßschlüssel; Tenorschlüssel in den Ausgaben nach **B**.

Takt 63 ff. Bassi in A₁ ganze Noten.

Takt 58/61 Bassi „es" durch 4 Takte in **B** ff. gebunden; in **D** (nach A₁) ohne Bögen. Die authentische

Lesart ist beizubehalten, obschon die entsprechende Stelle in der Reprise (Takt 241/4) Bindung hat.

Takt 44, 51 Fg. in A₁ „Solo";

Takt 107 Fg. in A₁ „Soli"; in den Ausgaben fortgelassen. Sind hier Rückschlüsse auf quantitative Barock-Besetzung statthaft? Saßen in Mozarts Orchester noch Fagott-Ripienisten, also mindestens zwei an jedem Pult?[1]

Takt 153 Bassi: A₁ verlangt „Tutti Bassi", was vielleicht im obigen Sinne ebenfalls auf Celli und Kontrabässe in ripieno schließen läßt.

Takt 146 Vc. nach A₁ im Tenorschlüssel; in E Sopranschlüssel; sonst in den Ausgaben wie A₁.

Takt 139 ff. Fl. u. Ob., die verdeutlichenden Vorzeichen nach A₁ bzw. **B**.

Takt 148 Fg. 1⁰ nach A₁ überall das „eis" mit schlichtem ♯ (ohne Vorauflösung: ♮♯); desgleichen

Takt 156 Vi. 2⁰.

Takt 161 Fl. in A₁ einfach c″:

in **B** und **D**; dagegen in **C, E, F** chromatisch:

Takt 160 ff. hat Cor. 1⁰ in A₁ noch ein liegendes „f", das ausgestrichen ist.

[1] In Wien, im Hause des Kapellmeisters Bono, wurde am 11. April 1781 eine Mozartsche Symphonie geprobt mit einem Orchester von 40 Violinen, doppelt besetzten Bläsern, 10 Bratschen, 10 Kontrabässen, 8 Violoncellen und 6 Fagotten. Vgl. J a h n, 1. S. 691.

Takt 160 ff., Cl. Halb-Bögen in **B** ff. in-
korrekt; A₁ bindet die Seufzer
Takt 160/1, 161/2, korrigiert da-
gegen
Takt 162 ff. wie in **D**.
Takt 177ff. Fl., Cl. 1º, Fg. 1º in **B** und
C widersinnig phrasiert:

in **E** und **F** unvollständiger Bogen:

in **D** Ganzbogen nach A₁.

Takt 187ff. Fl.: alle Ausgaben übersehen
die in A₁ ungemein charakteristische Steigerung mit f″ (*);

sondern binden offenbar nach der
Vorlage **B** wie folgt:

Takt 239/40 Vi. 2º fehlt der Ganzbogen
in **D**.

Takt 247/50 Vi. 1º: Triller nach A₁ mit
Sechzehntel und überhängenden
Bögen; desgleichen in **D**; dagegen
in **B** ff.

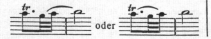 oder

Takt 246/51 Holzbläser in den Ausgaben (bis auf **D**) völlig abwei-
chend phrasiert.

Takt 257 Cor. 1º in A₁, **B**, **C** irrtümlich
„f" statt „d"; korrigiert in **D** ff.

Takt 277 Unisono in A₁, überm. Sekunde
ohne ♭e-Vorzeichen; in den Ausgaben (außer in **D**) ergänzt.

Andante.

Takt 7 Vi. 1º nach A₁ das charakteristische „*p*" auf dem 4. Schlag,
ebenso wie Bassi, Takt 15, und an
den Entsprechungen im 2. Teil:
Takt 80 und 96 in allen Ausgaben
übersehen; in **B**, Takt 7, ganz ver-
kehrt.

Takt 30 Fg. in A₁ „as g", n i c h t „as ges",
eine Lesart, die wieder durch die
verderbte Ausgabe **B** in die Welt
gesetzt worden ist und eine beson-
dere Feinheit Mozartscher Harmonie-
Auffassung zerstört hat. Wenn
Mozart ausdrücklich (*) schreibt:

und nicht wie es der Ausgabe **B**
nachgeschrieben worden ist (*):

so hat er sich keineswegs ver-
sehen: Takt 29 moduliert zwar von
Des her über As nach Es und B

und bringt in der ersten Tonleiter, wie in den beiden letzten, „Ges" und schließlich „Ces" — aber ein „Ges", Takt 30, wäre eine musikwidrige Inkonsequenz, um so mehr als hier die As-dur-Leiter (mit G als 7. Stufe) der Des-dur-Leiter (mit C als 7. Stufe) genau entspricht: das Dur dieser beiden Takte ist dem Moll der beiden folgenden (mit der kleinen Sexte) mit voller Kontrastwirkung gegenübergestellt. Ebenso bei den Entsprechungen Takt 100 ff., wo das ausdrückliche „des c" (das nun die Ausgaben merkwürdigerweise nicht retouchiert haben) durch das „ges f" gefragt bzw. beantwortet ist; auch die genauen Wiederholungen in der Einlage A₁ (Bl. 17a) bestätigen die Richtigkeit meiner Beobachtungen.

Takt 39 f. Vi. 1⁰: der mattere Sekund-Vorschlag in B (C, E, F), der in der Reprise Takt 110 f. wiederkehrt:

nach A₁ und D zum Terzvorschlag zu verbessern: Mozart durchstreicht das Fähnchen mit Doppelstrich

D hat:

Wir schreiben den einfachen Kurzvorschlag.

Takt 65 Fg. 2⁰ nach A₁ und D; in B ff. irrtümlich „h":

Menuetto - Allegro.

In A₂ fehlen die Clarinettenstimmen, dagegen vermerkt Mozart in A₁: , Clar. col oboe (!)".

Takt 13 f. Fl., Vi. 1⁰, 2⁰ in A₁ ohne Stakkato-Punkte.

Takt 36 f. Zur Ob. 1ª setzt Mozart: „NB. Clarinetti soli".

Finale. Allegro assai.

Der Nachtrag A₂ bringt einige Verbesserungen, auch Vereinfachungen, die der Partitur zugute kommen.

Takt 93 f. Fl., Ob., Cl., Streicher-Ganzbögen über 2—3 Takte.

Takt 174 Ob. 1ª nach A₂ statt des Doppel-Kreuzes „g" und folgerichtig bis Takt 187 im As-Zirkel:

Daher ebenfalls in den Oboen und Clarinetten

Takt 180 statt

also

In den Clarinetten, wie in den Oboen kann mit ♭ h (*) nur das Doppel-B: ♭♭ gemeint sein; sie blasen demnach enharmonisch „a“. Im übrigen setzt Mozart, wohl für den Kopisten, zu dem Doppelkreuz-Einsatz ein „NB“!

Takt 155 Cor. 1⁰ in **C, E, F**, wohl nach **B**, ohne Punkt:

in **D** nach **A₁** korrigiert.

Takt 160 Bassi wie in **A₁, B** und **D** mit dem kostbaren Atavismus „a“, den **C (E, F)** leider in „as“ (*) umfälschen:

Takt 184/5 Fl.: der wuchtige Dis-Vorhalt nach **A₁**, in allen Ausgaben durch das matte „e“ ersetzt. Die Wurzel des Übels ist wieder **B**.

Takt 191 Bassi in **A₁**: „Tutti“.

Takt 191 Clarinetten in **A₂**: schwankende Enharmonik in den beiden Stimmen:

Takt 241 Vi. 2⁰ nach **A₁, B** ff.; dagegen in **D**:

Takt 244 Vi. 1⁰ und 2₀, Unisono mit „a“ nach **A₁**, ebenso in **D**. Durch **B** (Kopiatur- oder Stichfehler?) ist die verwässerte Lesart mit „g“ in Aufnahme gekommen:

Takt 294 und 298 Fl., Ob., Fg. in **A₁** ohne Bogen, in **A₂** (Oboen) beide Male mit Bogen.

Takt 306 Ob. 2ᵃ und Clatto 2⁰ nach Vorlage **A₂** mit dem Durchgang der Dominant-Sexte „c“. In allen Ausgaben übersehen. **D** hat in beiden Lesarten „d“.

Leipzig, im Herbst 1930.

Prof. **Theodor Kroyer.**

Symphony

I *1st move 1st them*

W. A. Mozart
1756–1791
Köchel No. 550

Molto Allegro

Flauto
2 Oboi
2 Clarinetti in B
2 Fagotti
I. in B alto
2 Corni
II. in G
Violino I
Violino II
Viola
Bassi

[div.]

Vl.
Vla.
Bi.

   E. E. 3604   Ernst Eulenburg Ltd., London-Zürich

F.E.3604

E.E. 3604

60
Fl.
Ob.
Cl. (B)
Fg.
(B) Cor. (G)
Vl.
Vla.
Bi.
cre - scen - do
[p]
zu2
p
cresc.
tr
f
sf
1.
[div.]

14

Tutti Bassi

160

E.E.3604

404-3

20

404

E.E.3604

26

290

28

30

E.E.3604

E.E.3604

32

34

E.E.3604

38

E. E. 3604

40

III
Menuetto. Allegretto

E.E. 3604

42

E.E. 3604

[Fine]

3ᵈ movement.
2ⁿᵈ theme

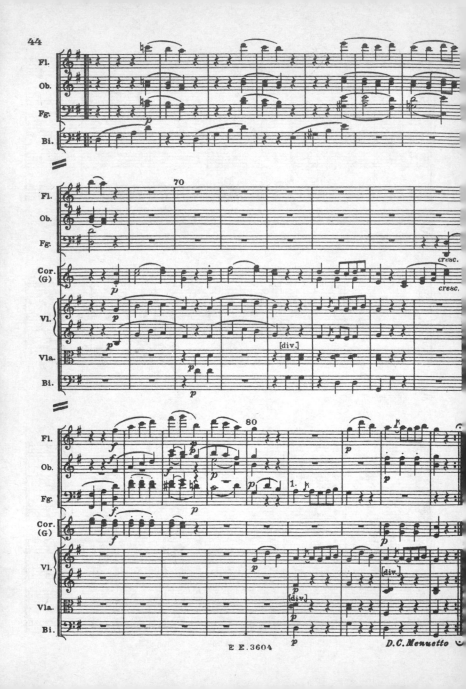

D.C. Menuetto

IV
[Finale]. Allegro assai

48

E.E.3604

50

4th Movement
2nd theme

E.E. 3604

E.E.3604

52

E.E.3604

54

56

58

E.E.3604

60

62

CHORAL AND VOCAL WORKS

Bach, J. S.
Cantatas
No. 1, Wie schön leuchtet der Morgenstern
No. 4, Christ lag in Todesbanden
No. 6, Bleib bei uns
No. 7, Christ unser Herr zum Jordan
No. 8, Liebster Gott, wann werd ich sterben
No. 11, Lobet Gott in seinen Reichen
(Ascension Oratorio)
No. 12, Weinen, Klagen
No. 17, Wer Dank opfert, der preiset mich
No. 19, Es erhub sich ein Streit
No. 21, Ich hatte viel Bekümmernis
No. 23, Du wahrer Gott und Davids Sohn
No. 27, Wer weiss, wie nahe mir mein Ende
No. 29, Wir danken dir, Gott
No. 31, Der Himmel lacht, die Erde jubilieret
No. 32, Liebster Jesu, mein Verlangen
No. 34, O ewiges Feuer
No. 39, Brich dem Hungrigen dein Brot
No. 46, Schauet doch und sehet
No. 50, Nun ist das Heil und die Kraft
No. 51, Jauchzet Gott in allen Landen
No. 53, Schlage doch, gewünschte Stunde
No. 54, Widerstehe doch der Sünde
No. 55, Ich armer Mensch, ich Sündenknecht
No. 56, Ich will den Kreuzstab
No. 60, O Ewigkeit, du Donnerwort
No. 61, Nun komm, der Heiden Heiland
No. 62, Nun komm, der Heiden Heiland
No. 65, Sie werden aus Saba alle kommen
No. 67, Halt im Gedächtnis Jesum Christ
No. 68, Also hat Gott die Welt geliebt
No. 78, Jesu, der du meine Seele
No. 79, Gott der Herr ist Sonn' und Schild
No. 80, Ein feste Burg
No. 81, Jesus schläft, was soll ich hoffen
No. 85, Ich bin ein guter Hirt
No. 92, Ich hab in Gottes Herz und Sinn
No. 104, Du Hirte Israel, höre
No. 105, Herr, gehe nicht ins Gericht
No. 106, Gottes Zeit (Actus tragicus)
No. 119, Preise, Jerusalem, den Herrn
No. 123, Liebster Immanuel, Herzog der Frommen
No. 131, Aus der Tiefe rufe ich, Herr, zu dir
No. 137, Lobe den Herren
No. 140, Wachet auf, ruft uns die Stimme
No. 155, Mein Gott, wie lang, ach lange
No. 158, Der Friede sei mit dir
No. 159, Sehet, wir gehen hinauf nach Jerusalem
No. 161, Komm, du süsse Todesstunde
No. 176, Es ist ein trotzig und verzagt Ding
No. 182, Himmelskönig sei willkommen
No. 205, Zerreisset, zersprenget (Aeolus)
No. 211, Schweigt stille (Coffee-Cantata)
No. 212, Mer hahn en neue Oberkeet.
(Peasant-Cantata)

Christmas Oratorio
Magnificat
Mass in B minor
St. John Passion
St. Matthew Passion
Motet: Singet dem Herrn

Beethoven, L. van
Aria: "Ah perfido", op. 65
Mass in C, op. 86
Missa solemnis, op. 123
Ninth Symphony (with Chorus), op. 125

Brahms, J.
A German Requiem, op. 45
Rhapsody, op. 53

Bruckner, A.
Te Deum
The 150th Psalm

Cherubini, M. L.
Requiem in C minor for male Chorus
Requiem in D minor for mixed Chorus

Gabrieli, Giovanni
Motet: In ecclesiis

Handel, G. F.
The Messiah

Haydn, F. J.
Missa in Angustiis (Nelson Mass)
The Creation
The Seasons

Mahler, G.
Kindertotenlieder
Songs of a Wayfarer

Mendelssohn-Bartholdy, F.
Elijah, op. 70

Monteverdi, C.
Mass I (a 6) "In illo tempore"
Mass II (a 4) in F
Mass III (a 4) in G minor

Mozart, W. A.
Mass in C minor (K.V. 427)
Missa brevis in D (K.V. 194)
Missa brevis in C (K.V. 220)
Motet: Exsultate, jubilate (K.V. 165)
Requiem (K.V. 626)

Palestrina, P. L. da
Missa Papae Marcelli
Stabat Mater

Pergolesi, G. B.
Stabat Mater

Praetorius, M.
Motet: "Wie schön leuchtet der
Morgenstern"

Purcell, H.
Anthem: "O sing unto the Lord"
Ode for St. Cecilia's Day 1683: "Welcome
to all the pleasures"
Te Deum and Jubilate

Reger, Max
The 100th Psalm

Rossini, G.
Stabat Mater

Sammartini, G. B.
Magnificat

Schubert, F.
Mass No. 5 in A flat
Mass No. 6 in E flat

Schütz, H.
St. John Passion
St. Luke Passion
St. Matthew Passion
The Christmas Story
The Resurrection Story
The Seven Words of Jesus Christ

Verdi, G.
Requiem

EULENBURG MINIATURE SCORES